失われた北海道の鉄路がよみがえる

オールカラー
北海道の
廃線記録
（函館本線沿線編）

写真：安田就視　解説：辻 良樹

紅葉とC58213号機牽引の貨物列車。線路脇には、鉄道通信ケーブルなどを通したハエタタキが見られる。江差線木古内～江差間のなかで駅数が一番多いのが上ノ国町で6駅を数える。山間部の宮越～湯ノ岱間や平坦な桂岡～中須田間、日本海近くの上ノ国駅などが同じ町に属する。◎宮越～湯ノ岱　1972（昭和47）年10月13日

.....Contents

まえがき

　函館と旭川を結ぶ函館本線には、かつて多くの国鉄ローカル線が接続していた。そのうち、今回は道南から江差線廃線区間、江差線から分岐した松前線、瀬棚線、岩内線の各線、道央の札沼線廃線区間、幌内線、上砂川支線、歌志内線の各線を掲載。廃線の記憶が新しい江差線や札沼線の廃線区間、平成6年廃止の上砂川支線を除き、いずれも昭和60年代に廃線となり、すでに30年以上が経過している。

　鉄道写真の世界では、30年以上を経過した写真には資料的価値があるとよく言われる。今回掲載した写真は、廃線よりもさらに10年ぐらい前の写真が多く、昭和40年代後半の写真も多い。つまり、40年前や半世紀近く前の写真もあり、キューロクこと9600形やD51、C11が現役で活躍していた時代も写し取られ、石炭を運ぶ運炭列車であったり、沿線の物資を運ぶ貨物列車であったりする。

　もちろん、今はなき北海道を代表した一般形気動車キハ22もふんだんに登場し、今や懐かしい一般色と朱色の国鉄色編成も甦る。また、側線が広がった各線の終着駅や函館本線との接続駅、懐かしい駅舎の様子も掲載し、北海道の国鉄ローカル線がまだまだ生き生きとしていた時代を感じることができる写真集となっている。

2020年12月　辻 良樹

船溜まりと蒸気機関車という、まるで映画のワンシーンのような風景。そして、まるで本州の漁村を走る鉄道風景のようでもある。C58牽引の貨物列車が、夏の道南の漁港を通り過ぎる穏やかなひとときが垣間見える。
◎松前線　渡島吉岡〜白符　1972 (昭和47) 年8月14日

【江差線】

区間　五稜郭～江差(79.9km)
開業　1936(昭和11)年11月10日
廃止　2014(平成26)年 5月11日
(五稜郭～木古内間は2016年3月26日「道南いさりび鉄道」に移管)

木古内　きこない
37.8km（五稜郭起点）
↓
渡島鶴岡　おしまつるおか
40.1km（五稜郭起点）
↓
吉堀　よしぼり
43.2km（五稜郭起点）
↓
神明　しんめい
56.4km（五稜郭起点）
↓
湯ノ岱　ゆのたい
59.2km（五稜郭起点）
↓
宮越　みやこし
66.3km（五稜郭起点）
↓
桂岡　かつらおか
68.5km（五稜郭起点）
↓
中須田　なかすだ
70.6km（五稜郭起点）
↓
上ノ国　かみのくに
73.8km（五稜郭起点）
↓
江差　えさし
79.9km（五稜郭起点）

【松前線】

区間　木古内～松前(50.8km)
開業　1953(昭和28)年11月8日
廃止　1988(昭和63)年 2月1日

木古内　きこない
0.0km（木古内起点）
↓
森越　もりこし
5.2km（木古内起点）
↓
渡島知内　おしましりうち
8.2km（木古内起点）
↓
重内　おもない
11.3km（木古内起点）
↓
湯ノ里　ゆのさと
17.0km（木古内起点）
↓

千軒　せんげん
24.2km（木古内起点）
↓
渡島福島　おしまふくしま
33.2km（木古内起点）
↓
白符　しらふ
35.9km（木古内起点）
↓
渡島吉岡　おしまよしおか
38.7km（木古内起点）
↓
渡島大沢　おしまおおさわ
45.2km（木古内起点）
↓
及部　およべ
48.0km（木古内起点）
↓
松前　まつまえ
50.8km（木古内起点）

【瀬棚線】

区間　国縫～瀬棚(48.4km)
開業　1929(昭和4)年12月13日
廃止　1987(昭和62)年3月16日

国縫　くんぬい
0.0km（国縫起点）
↓
茶屋川　ちゃやがわ
5.6km（国縫起点）
↓
美利河　ぴりか
12.2km（国縫起点）
↓
花石　はないし
16.6km（国縫起点）
↓
北住吉　きたすみよし
22.7km（国縫起点）
↓
種川　たねかわ
25.8km（国縫起点）
↓
今金　いまがね
30.6km（国縫起点）
↓
神丘　かみおか
33.9km（国縫起点）
↓
丹羽　にわ
37.4km（国縫起点）
↓
北檜山　きたひやま
43.0km（国縫起点）
↓
瀬棚　せたな
48.4km（国縫起点）

【岩内線】

区間　小沢～岩内(14.9km)
開業　1912(大正元)年11月1日
廃止　1985(昭和60)年6月30日

小沢　こざわ
0.0km（小沢起点）
↓
国富　くにとみ
2.5km（小沢起点）
↓
幌似　ほろに
6.0km（小沢起点）
↓
前田　まえだ
9.0km（小沢起点）
↓
西前田　にしまえだ
12.1km（小沢起点）
↓
岩内　いわない
14.9km（小沢起点）

【札沼線】

区間　桑園～石狩沼田(111.4km)
開業　1931(昭和6)年10月10日
廃止区間　新十津川～石狩沼田
1972(昭和47)年6月19日、
北海道医療大学～新十津川　2020(令和2)年5月7日

北海道医療大学
ほっかいどういりょうだいがく
28.9km（桑園起点）
↓
石狩金沢　いしかりかなざわ
31.1km（桑園起点）
↓
本中小屋　もとなかごや
35.6km（桑園起点）
↓
中小屋　なかごや
38.8km（桑園起点）
↓
月ケ岡　つきがおか
41.6km（桑園起点）
↓
知来乙　ちらいおつ
44.2km（桑園起点）
↓
石狩月形　いしかりつきがた
46.3km（桑園起点）
↓
豊ケ岡　とよがおか
51.0km（桑園起点）
↓

↓
札比内　さっぴない
53.5km（桑園起点）
↓
晩生内　おそきない
58.0km（桑園起点）
↓
札的　さってき
60.9km（桑園起点）
↓
浦臼　うらうす
62.7km（桑園起点）
↓
鶴沼　つるぬま
66.1km（桑園起点）
↓
於札内　おさつない
67.9km（桑園起点）
↓
南下徳富　みなみしもとっぷ
69.4km（桑園起点）
↓
下徳富　しもとっぷ
71.5km（桑園起点）
↓
新十津川　しんとつかわ
76.5km（桑園起点）
↓
石狩橋本　いしかりはしもと
79.2km（桑園起点）
↓
上徳富　かみとっぷ
82.0km（桑園起点）
↓
北上徳富　きたかみとっぷ
83.7km（桑園起点）
↓
雨龍　うりゅう
88.8km（桑園起点）
↓
石狩追分　いしかりおいわけ
92.1km（桑園起点）
↓
渭ノ津　いのつ
94.5km（桑園起点）
↓
和　やわら
97.9km（桑園起点）
↓
中ノ岱　なかのたい
101.0km（桑園起点）
↓
碧水　へきすい
102.8km（桑園起点）
↓
北龍　ほくりゅう
106.0km（桑園起点）
↓
五ヶ山　ごかやま
108.6km（桑園起点）
↓
石狩沼田　いしかりぬまた
111.4km（桑園起点）

【幌内線】

区間	岩見沢～幾春別（18.1km）・三笠～幌内（2.7km）
開業	1882（明治15）年11月13日
廃止	1987（昭和62）年 7月13日

＜本線＞
岩見沢　いわみざわ
0.0km（岩見沢起点）
↓
栄町　さかえまち
廃止時まで営業キロの設定なし
↓
萱野　かやの
6.3km（岩見沢起点）
↓
三笠　みかさ
10.9km（岩見沢起点）
↓
唐松　とうまつ
14.8km（岩見沢起点）
↓
弥生　やよい
16.8km（岩見沢起点）
↓
幾春別　いくしゅんべつ
18.1km（岩見沢起点）

＜貨物支線＞
三笠　みかさ
0.0km（三笠起点）
↓
幌内住吉　ほろないすみよし
1.2km（三笠起点）
↓
幌内　ほろない
2.7km（三笠起点）

【函館本線 上砂川支線】

区間	砂川～上砂川(7.3km)
開業	1918（大正7）年11月5日
廃止	1994（平成6）年 5月16日

砂川　すながわ
0.0km（砂川起点）
↓
下鶉　しもうずら
3.7km（砂川起点）
↓
鶉　うずら
4.5km（砂川起点）
↓
東鶉　ひがしうずら
5.8km（砂川起点）
↓
上砂川　かみすながわ
7.3km（砂川起点）

【歌志内線】

区間	砂川～歌志内(14.5km)
開業	1891（明治24）年7月 5日
廃止	1988（昭和63）年4月25日

砂川　すながわ
0.0km（砂川起点）
↓
焼山　やけやま
3.9km（砂川起点）
↓
文殊　もんじゅ
8.3km（砂川起点）
↓
西歌　にしうた
9.6km（砂川起点）
↓
神威　かもい
11.8km（砂川起点）
↓
歌神　かしん
13.4km（砂川起点）
↓
歌志内　うたしない
14.5km（砂川起点）

国土地理院「20万分の1地形図」

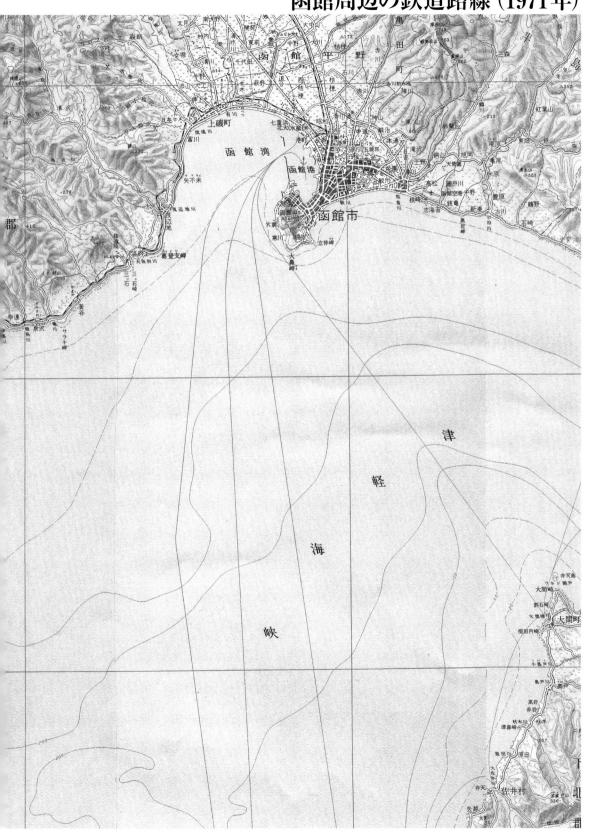

函館周辺の鉄道路線（1971年）

札幌周辺の鉄道路線（1971年）

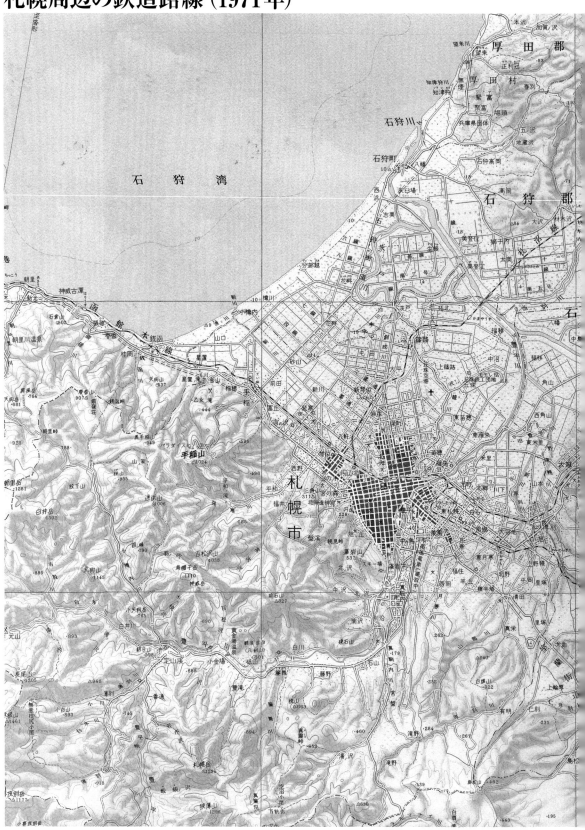

国土地理院「20万分の1地形図」

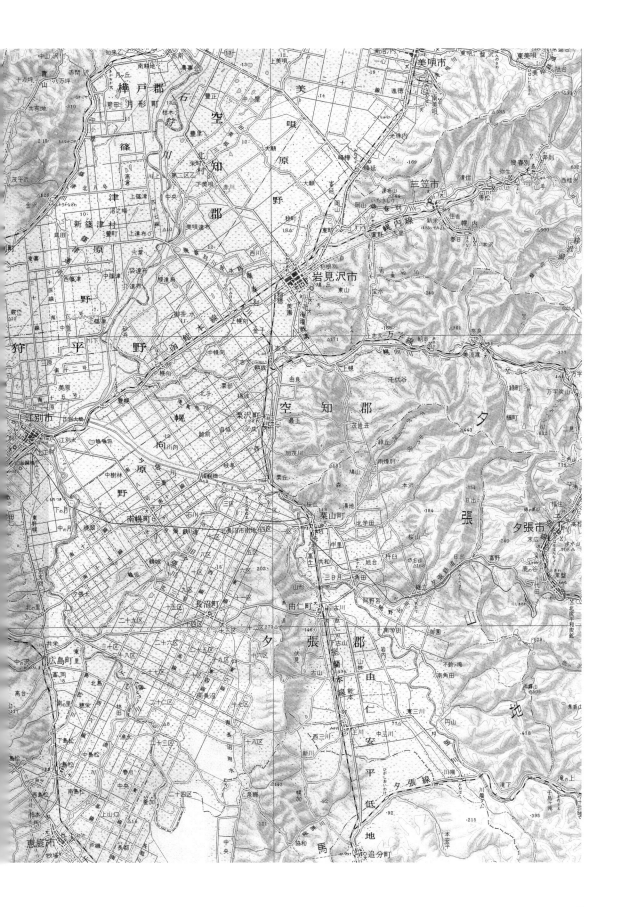

国鉄時代らしく、朱色のキハ40が4連で走る風景。当時の国鉄ローカル線では4連は珍しくなく、全国各地でよく見掛けたが、現在ではとても貴重に思える写真である。2016（平成28）年に五稜郭〜木古内間がJR北海道から道南いさりび鉄道へ移管されたが、現在もJR北海道から譲渡されたキハ40が走る。◎木古内　1982（昭和57）年3月22日

昭和47年当時の木古内駅を発車するC58牽引の旅客列車。広い構内には、入換機や給水塔なども見られる。同駅は江差線が
まだ上磯線と呼ばれていた1930（昭和5）年の開業で、1937（昭和12）年に後の松前線である福山線が開業し分岐駅となった。
現在では、北海道新幹線の開業で風景が一変している。◎1972（昭和47）年10月13日

黒煙を高らかと真上に上げながら貨物列車を牽引するC58。天の川の支流神明ノ沢川に架かるガーダー橋を渡るワンシーン
で、車掌車を先頭に、無蓋車、有蓋車のジョイント音がしてきそうな冬の一枚だ。
◎吉堀〜神明　1973（昭和48）年2月23日

山と川に挟まれた山間を縫うように走った江差線。黒煙を上げてC58407号機が力強く貨物列車を牽引する。当時は、国労によるスローガンが記された蒸気機関車が多く、このC58407号機の煙室扉にも団結の文字が見られる。
◎宮越〜湯ノ岱　1973（昭和48）年2月23日

蛇行を繰り返す天の川に沿って走った江差線。江差線の蒸気機関車と言えばC58。写真は、同機牽引の貨物列車が雪景色の宮越～湯ノ岱間を走るシーン。当時の国鉄ローカル線の大きな収入源は貨物輸送。国鉄が物資輸送の主役だった時代を物語るように車掌車が連結されている。◎1973（昭和48）年2月23日

北海道の早い紅葉風景のなか、キハ20の寒地版であるキハ21の２連がカーブを走る。キハ21は、初期のキハ20と同じくバス窓が特徴。北海道を走る車両にしてはデッキがなく、冬期の車内温度を保ちにくい難点があり、デッキを備えたキハ22のほうが好まれた。◎宮越〜湯ノ岱　1979（昭和54）年10月28日

冠雪した山稜を背景に、荒漠たる風景の中を日本海に沿って煙を棚引かせて走る貨物列車。津軽海峡に面する木古内から渡島半島を横断してきた江差線は、上ノ国まで来るとようやく広々とした日本海の海原がひらけ、終着江差へ向かってラストスパートをかけた。◎上ノ国〜江差　1973（昭和48）年2月23日

江差から上ノ国へ向かって日本海沿いを走る貨物列車。編成の前後に車掌車を連結して走る。江差はかつてニシン漁で栄え、北前船の寄港地だった町。その後も漁業の町として知られ、当時は冷蔵車を連結した貨物列車も走った。写真右奥に見えるのは鴎島で、徳川幕府の砲台跡などがある。◎1972（昭和47）年10月13日

往年の江差駅構内。かつては写真のように側線が広がり貨車の姿も見られ、国鉄ローカル線の終着駅らしい懐かしさを感じさせてくれた。写真が撮影された1979（昭和54）年当時は、江差と函館を直通する急行「えさし」も運転され、檜山支庁所在地の面目を保っていたが、1980（昭和55）年10月1日のダイヤ改正で廃止された。◎1979（昭和54）年10月28日

木造駅舎時代のかつての木古内駅舎。
同駅は木古内町の中心駅で、松前線が
分岐する主要駅らしい貫禄が漂ってい
た。1987（昭和62）年３月に橋上駅舎へ
改築。その後、海峡線開通で特急停車
駅に、さらに現在では北海道新幹線の
停車駅として新幹線駅舎が建設される
など、その姿を大きく変えている。
◎1972（昭和47）年８月14日

檜山支庁（現・檜山振興局）所在地である江差町の玄関口だった江差駅。市ではなく町に置かれた支庁の玄関口駅らしく、素朴で小ぶりな木造駅舎が印象的だった。1976（昭和50）年12月には、コンクリート造りの駅舎へ改築されて近代化された。
◎1973（昭和48）年10月15日

松前線
まつまえせん

森越～木古内間の平坦区間を走るキハ
40＋キハ22＋キハ24のサイドビュー。
一般形気動車の酷寒地用気動車オンパ
レードといったところ。キハ24はキハ
23の酷寒地用で、両運転台の片開き扉
車。キハ22に比べて圧倒的に両数が少
なかった。顔付きの異なるこの3形式
だが、側面から見ると各車ともに酷寒
地対応の二重窓が並んだ。
◎1981（昭和56）年10月19日

ジャガイモ畑を見ながら走るキハ21の
朱色と一般色の2連。見渡す限り広が
る北海道の広大なジャガイモ畑とその
花は、北海道ならではの鉄道風景。ジャ
ガイモの花の見ごろは7月上旬と言わ
れている。
◎森越〜渡島知内
1980（昭和55）年7月11日

道南であっても、北海道の春は遅い。湯ノ里〜千軒間の知内川を渡る雪景。静まり返ったまるで墨絵のような世界に、鉄橋を渡るジョイント音が聞こえてきそうな情景だ。◎1982（昭和57）年3月22日

千軒〜渡島福島間を走るC58213号機牽引の貨物列車。積雪の多い北海道で茅葺屋根の民家というイメージがないが、昔の道南ではそれなりに存在したのだろう。屋根上に花が咲き、短い北海道の夏景色を思わせる。◎1972(昭和47)年8月14日

漁港を眼下に見て走るC58の写真とほぼ同位置からの撮影。7年後の様子がわかり、定点観測的な楽しみもある。7年前は道路まで海水が迫っていた漁港だが、7年後のこの写真を見ると、コンクリートで埋め立てられ嵩上げされている。写真右側の商店のコカ・コーラの看板が、微妙に位置を変え、商店名が入ったコカ・コーラの看板を追加で新たに付けている。列車は、キハ21＋キハ46＋キハユニ25の3連。キハ46はキハ45の酷寒地用で、片運転台の片開き扉車。キハユニ25はバス窓で、寒冷地や酷寒地用の郵便荷物合造車である。◎渡島吉岡〜白符　1979（昭和54）年10月29日

松前線のハイライトとして有名な大松前川橋梁を渡るC58。眼下には松前町の中心地が広がり、松前城がアクセントとなる
有名撮影地だった。北海道には天守閣がそびえる日本的な城郭は珍しく、一見すると北海道の鉄道風景に思えない感覚だ。
松前城は、鉄筋コンクリートによる復元天守で、木造天守の復元が計画されている。
◎松前～及部　1972（昭和47）年8月14日

キハ21の朱色を手前にキハ22が連なる松前線の終着駅松前駅。プラットホームに張り出したホーム上屋がなく、すっきりした印象の終着駅だった。写真当時は、松前と函館を直通する急行「松前」が運行されていたが、写真の翌年の1980（昭和55）年に廃止された。松前線はこの先、大島までの延伸工事が着工したが未成区間となり、従来の松前線自体が昭和63年に廃線となった。◎1979（昭和54）年10月29日

キハ21のトップナンバー、朱色のキハ21-1の行先板には、松前－函館とあるように、松前線の大半の列車は函館と直通し、木古内で江差線の列車と分割併合する列車が多かった。このような運行体制は松前線が廃止となる昭和63年2月まで続いた。
◎松前　1979（昭和54）年10月29日

松前駅の駅舎。1976（昭和51）年に増改築された駅舎が写る。駅前に建つ石碑は現存する。松前駅は、福山線渡島大沢〜同駅間の延伸により開業。松前駅の開業によって福山線から松前線へ改称した。松前町の元の町名は福山町で、松前城は福山城と記される場合もある。◎1979（昭和54）年10月29日

瀬棚線
せたなせん

国鉄一般色の朱色４号とクリーム４号の塗り分けで統一された３連の編成。国鉄時代によく見られた編成では、首都圏色と呼ばれる朱色の気動車が組み込まれることが多かったが、このように３両とも国鉄一般色だととても統一感をおぼえる。
◎茶屋川～国縫　1979（昭和54）年11月７日

瀬棚線は国縫駅から分岐すると、国縫川に沿って走った。大半の列車は函館本線を経由して長万部駅と直通運転を行い、急行「せたな」は函館と直通していた。写真には、朱色5号の首都圏色で統一されたキハ22の3連が写る。朱色5号は朱色4号よりも明るい朱色で、首都圏の車両から採用されたため首都圏色と呼ばれた。◎茶屋川～国縫　1982（昭和57）年3月23日

冬晴れの雪景色のなか、サイドから撮影した一枚。雪原の照り返しを受けてC11と車掌車が映える。北海道の貨車は車掌車を含めて最高速度の制限があり、北海道の貨車よりも速い最高速度制限の本州の貨車と混同を避けるために、北海道の貨車には道外禁止と黄文字で書かれていた。◎茶屋川〜美利河　1973（昭和48）年2月25日

秋の瀬棚線を走るバス窓のキハ21と朱色のキハ22。キハ22はデッキ付で車内保温を考慮した気動車。一方、キハ21にはデッキがなく、北海道では寒くなると車内保温の面でキハ22よりも人気がなく、車歴等々の関係もあってキハ22よりも早くに淘汰が進んだ。しかし、鉄道ファンからすると、異なる形式が連結されているほうが、楽しみな面もあった。
◎茶屋川〜美利河　1981（昭和56）年10月18日

茶屋川駅の駅舎。当時はすでに無人駅化しており、コンパクトに改修した駅舎が待合室として使用されていた。
◎1972（昭和47）年8月13日

北住吉駅は、1956（昭和31）年に花石〜種川間に開業した無人駅。住吉集落の北に駅があった。草むしたホームや待合室が写る。
◎1972（昭和47）年 8 月13日

腕木式信号機の脇を雪まみれのC11171号機が黒煙を勢いよく吐きながら貨物輸送に活躍しているシーン。銀世界が冬の晴れ間に映え、往年の北海道のローカル線らしいシーンだ。瀬棚線を走る蒸気機関車の所属は長万部機関区で、当時の長万部はまさしく鉄道の町だった。◎美利河～花石　1971（昭和46）年2月15日

北海道に訪れた短く貴重な夏の日を捉えた一枚。瀬棚線の絶景スポットであった後志利別川を渡るC11牽引の貨物列車。写真に写る釣り人も連なる貨車が鉄橋を渡るジョイント音を聞きながら心地よい釣りを楽しんだであろう。区間は、美利河〜花石間で、美利河（ぴりか）とは、アイヌ語の美しい川に由来する。◎1972（昭和47）年8月13日

C11に車掌車と有蓋車を連結した短い編成の貨物列車。真っ直ぐ伸びた雪原の直線を勢いよく煙を上げて走ってくる。C11はタンク式機関車のエースで、全国各地の国鉄ローカル線で重用され、重量制限のある北海道のローカル支線でも大いに活躍した。◎北檜山〜丹羽　1973（昭和48）年2月25日

厳冬の渡島半島を横断するC11牽引の貨物列車。凍てつく機関車の車体がその厳しさを物語っている。機関車次位の車掌車
の後は雪煙と煤煙で見えず、視界が悪い中、機関車部分が顔をのぞかせた。◎丹羽～北檜山 1973（昭和48）年2月25日

今や貴重な無煙化前の瀬棚駅の情景。給水塔とC11が写り、給水塔の奥に見えるのが転車台である。コンパクトにまとまった国鉄ローカル線の終端駅らしい雰囲気で、姿を消した今では貴重な写真記録と言える。◎1973（昭和48）年10月15日

炭水線に停車するC11234号機を給水塔付近から後ろに見たところ。当時の構内配線がよくわかる写真で、駅舎側から本線、
副本線、側線2本（3番線と4番線）があり、側線の4番線から給水塔方面へ分岐している。
◎瀬棚　1973（昭和48）年10月15日

岩内線
いわないせん

岩内線は函館本線小沢駅から分岐していた。岩内線ホームは駅舎側の1番乗り場でキハ22が停車している。当時の小沢駅は、急行「ニセコ」「らいでん」が停車し、駅弁の販売も行われていた。現在では寂しくなったが、跨線橋は改修されながら現在も使用され、往時の面影を残している。◎1981（昭和56）年6月24日

指差称呼確認
注意し合つて安全作業

菜の花が咲き乱れる小沢〜国富間の曲線区間を走る9600形牽引の貨物列車。二つ目の前照灯を備えたキューロクで人気だった。貨物列車の後ろにはタンク車を4両連結している。岩内線の無煙化は1973（昭和48）年のことだった。
◎1972（昭和47）年8月12日

キハ22朱色を先頭にした一般色との2連がカーブをやってくる。岩内線の列車は夜の倶知安駅直通を除いて岩内線内のみの
運転で、線内運行の小沢行が写る。北海道に新緑の季節が訪れつつあるころ、ニセコ連峰の日本海側に位置する岩内岳が優
美な姿を現す。◎国富～小沢　1981（昭和56）年6月24日

雪景色の国富駅へまもなく到着する小沢行。駅舎やプラットホームは写真の枠外で、岩内発のキハ22の2連が踏切に差し掛かっているところ。この踏切の位置が線路より離れ過ぎているのは、もう1線国鉄の線路があったから。そして、踏切外側に、旧国富鉱業所精錬所の専用線が存在した。◎1982（昭和57）年3月25日

在りし日の国富駅。国富駅の駅名の由来は、国富鉱山があったことに由来する。写真当時はすでに鉱山採掘や精錬は行われていなかったが、国富鉱業所精錬所があった面影として、写真下部に同精錬所への専用線が分岐していた名残が見られる。
◎1981（昭和56）年6月24日

雪が深々と降り積もるなか、小沢行の列車を見送る駅員と降り立った乗客の姿。北海道のみならず全国で駅の無人化がさらに進む昨今、もはや映画のワンシーンのように見えてしまう。写真右側には、「無事故で明るい職場と家庭」と記されたスローガンが掲げられている。◎国富　1982（昭和57）年3月25日

キハ22の朱色2両と雪の中の前田駅。若者たちが何やら楽しそうに降り立って歩いている。左が駅舎で、離れた位置に島式ホームを配した。駅名でもあった前田の地名は加賀前田家に由来し、石川県の士族が入植した地である。
◎1982（昭和57）年3月25日

吹雪の岩内駅に停車するキハ22の2連。横に副本線があり、側線跡の広い構内の向うに離れて側線を有した。駅舎は写真手前の右側を渡った先で、駅舎とホームが随分離れていた。◎1982（昭和57）年3月25日

踏切で列車の通過を待つ子どもたち。この写真の4年後に岩内線は全線廃止となった。写っている子どもたちは、今40歳代
後半だろう。◎岩内〜西前田　1981（昭和56）年6月23日

岩内駅の降車口。たくさんの乗客をさばけるよう、ラッチが並んでいる。上には「歓迎 スキー場オープン」とあり、民間資本により岩内岳にオープンした「ニセコいわない国際スキー場」(現・IWANAI RESORT)へのスキー客利用もあった。同スキー場は、岩内市街地から車で10分程度という立地で、日本海や積丹半島のパノラマビューを楽しめる。◎1982（昭和57）年3月25日

雨に濡れる岩内駅舎。1955（昭和30）年12月に竣工した鉄筋ブロック造りの駅舎で大柄な駅舎だった。その前の駅舎は1949（昭和24）年に改築後、昭和29年に起こった岩内大火で全焼してしまった。
◎1973（昭和48）年10月13日

側線側から見た岩内駅構内。上屋のあるプラットホームとの間には、かつて側線が並んだ敷地が残り、貨物列車の運行で賑わった名残を留めていた。広々とした駅跡は「道の駅いわない」や岩内バスターミナルとして活用されている。
◎1981（昭和56）年6月23日

札沼線
さっしょうせん

石狩川を渡る10連の列車。気動車10連という見応えのある編成だ。4連の大型トラス橋が架かり、雄大な鉄橋の眺めである。
鉄橋から見て札幌市側が釜谷臼駅で、駅はその後1986（昭和61）年に移転、1995（平成7）年にあいの里公園駅へ改称した。釜
谷臼駅（現・あいの里公園駅）は、札幌市最北端の駅で、石狩川を渡った先の石狩太美駅は石狩郡当別町だ。
◎釜谷臼〜石狩太美（存続区間、通称「学園都市線」） 1980（昭和55）年7月13日

石狩川橋梁に寄って撮影した一枚。キハ40を中心にキハ22を挟んだ6連が鉄橋を渡る。石狩川橋梁は平成13年に新橋梁へ切り替えられ、この鉄橋シーンもすでに過去のものになった。新橋梁は、旧橋梁に比べて約10m短いが、北海道で最長の鉄道橋である。◎釜谷臼～石狩太美（存続区間、通称「学園都市線」）　1980（昭和55）年7月13日

麦畑が広がる風景を走るキハ40とキハ22の2連。麦の収穫の時期を表現した麦秋という言葉は、本州では初夏だが、北海道では7月頃からである。撮影区間の石狩当別〜石狩金沢間には、翌年の1981（昭和56）年12月に大学前仮乗降場（現・北海道医療大学駅）が開業した。そして、2020（令和2）年5月の北海道医療大学〜新十津川間の廃止により、石狩金沢駅は廃駅となった。◎石狩金沢〜石狩当別　1980（昭和55）年7月13日

北海道の平坦地では水田よりも畑が多
く、ジャガイモ畑はその代表格と言え
る。写真は沿線の物資を運び続けた
C11牽引の貨物列車が浦臼町のジャガ
イモ畑を見ながらのんびりと走ってい
るところ。当時はまだ沿線で収穫され
たジャガイモを貨物列車で運んでいた
のだろう。
◎1972（昭和47）年6月23日

黒煙を棚引かせて力走するC11牽引の
貨物列車。全国各地で無煙化の取り組
みが進んでいた時代で、北海道も例外
ではなく、ここ札沼線から蒸気機関車
の煙が消えたのは、この写真が撮影さ
れた翌々年の昭和49年のことだった。
◎石狩月形　1972(昭和47)年6月23日

北海道有数の穀倉地帯として知られる新十津川町を走るキハ22＋キハ27の2連。新十津川は、奈良県の十津川から移住した人によって開拓された村である。写真当時の駅名は「しんとつがわ」と濁ったが、町名は「しんとつかわ」と濁らず、1997（平成9）年に駅名も「しんとつかわ」となった。◎新十津川〜中徳富　1980（昭和55）年7月13日

札沼線の閑散区間を走るキハ53形500番台。写真は510。キハ53形500番台は、キハ56形を両運転台改造した車両で、2エンジンを搭載。深名線でも活躍した形式として知られる。◎石狩月形〜知来乙　1991（平成3）年10月24日

夏の新十津川駅。当時は折り返し列車横に見られる線路も存在していた。キハ40形は、北海道向けに1977（昭和52）年から製造が開始され、札沼線でも長く活躍した。◎1980（昭和55）年7月13日

新十津川駅は、1931（昭和6）年に中徳富駅として開業。後に中徳富の駅名は、隣駅で使用された。腕木式信号機のある雪景色の駅構内風景。1972（昭和47）年に石狩沼田間が廃止され、以後終着駅だった。◎1982（昭和57）年3月25日

新十津川駅の駅構内と停車するキハ56とキハ40。当時はまだ写真右側の植林が少なく、広々とした風景で、札幌と新十津川を直通する6往復の列車が走っていたが、平成28年3月からは、とうとう浦臼～新十津川間の1日1往復のみとなった。◎1982（昭和57）年3月25日

当時は常勤の駅員が配置され、駅事務室等のスペースが比較的多くとられた駅舎だった。しかし、昭和61年11月に駅員派遣が廃止され完全な無人駅となり、その後、駅舎の一部(写真の左側部分)の解体が行われ、コンパクトな駅舎になった。
◎新十津川　1973（昭和48）年10月13日

当時は、石狩当別～新十津川間に3往復の列車が設定されていた。写真に写るのは、キハ40形400番台の401。キハ40形400番台は、キハ53形500番台の老朽化をうけて改造されたキハ40形の大出力版。萌黄色の客用扉が400番台の目印だ。
◎新十津川　1999（平成11）年5月17日

幌内線

<ruby>幌内線<rt>ほろないせん</rt></ruby>

官営幌内鉄道の駅として1882（明治15）年に開業。三笠駅へ改称したのは1944（昭和19）年のことだった。単式ホームと島式ホームを持つ幌内線の主要駅で、幾春別駅方面と幌内駅方面との分岐駅だったが、幌内駅方面への線路は駅の岩見沢方で分岐し、三笠駅のホームへ入線することなく貨物列車が直通できる配線だった。写真左端に写る跨線橋やホームの一部が、駅跡に整備された三笠鉄道村クロフォード公園に現存し、初代駅舎が再現されている。◎三笠　1972（昭和47）年6月22日

一面に咲き乱れる菜の花畑を手前に写し、D51が爆煙を棚引かせて春の小雨の中を走る。連結されるのは車掌車2両と有蓋車1両だけで、強力なD51のパワーを持て余しているかのようなシーンだ。撮影区間のうち、唐松は藤松に由来し、からではなくとうまつと読む。◎三笠〜唐松　1975（昭和50）年5月17日

当時の駅や駅前の様子がわかる俯瞰写真。旅客用のホームはたったの1面なのに、何本もの貨物側線が並び、貨車が堂々とした姿をしている。駅前には国鉄コンテナを積んだトラックが見られ、地方でも物流の主役がまだまだ国鉄や駅だった当時を彷彿とさせる。◎幾春別　1973（昭和48）年10月13日

炭鉱で栄えた町の駅は、どこも広々とした駅構内を持ち、ほとんどが貨物側線だった。幾春別駅も例外ではなく、旅客用の
ディーゼルカーが一面だけのプラットホームから発着していた。かつては蒸気機関車牽引の旅客列車が運転されていたが、
この頃にはすでにディーゼルカーが進出していた。旅客ホームの右にも貨物側線があり、貨車が少し写る。
◎幾春別　1973（昭和48）年10月13日

三笠〜幌内住吉間の風景。このあたりは幌内への急勾配を控えた平坦地で、蒸気機関車の加速に適していた。沿線には、幌内から続く炭鉱住宅が広がり、1972（昭和47）年11月に三笠〜幌内間の旅客列車が廃止され貨物列車のみとなるまでは、旅客取扱いの幌内住吉駅があった。◎1972（昭和47）年6月22日

奥に見えるボタ山や炭鉱の町を背景に、キューロクこと9600形が佇む。機体には、団結の文字や政府への要求などが書かれ、時代を物語っている。廃駅後の駅跡地は三笠鉄道記念館として整備され、北海道で活躍した車両や資料が保存展示されている。◎幌内　1972（昭和47）年6月22日

北海道仕様の急行形ディーゼルカーのキハ27。写真に写るのは、パノラミックウィンドウ車だ。幌内線の旅客列車は、朝の時間帯を過ぎると午後まで運行が無かった。◎萱野～三笠　1975（昭和50）年5月17日

雪原を走るキハ40の3連＋キハ27の4連。奥に雪に埋まる炭鉱住宅らしき建物が写る。人の気配を感じない住宅が並び、炭鉱の斜陽を物語る沿線風景だ。◎弥生～唐松　1982（昭和57）年3月28日

戦前に改築された立派な駅舎だった幾春別駅。駅名はアイヌ語の「イクスンペェ」に由来。開業当時は郁春別駅だった。
◎1973（昭和48）年10月13日

幌内炭鉱の玄関口らしい立派な構えの駅舎だった。幌内線三笠〜幌内間では、1972（昭和47）年11月に旅客取扱いを廃止するまで旅客列車も運行されていた。◎幌内　1972（昭和47）年6月22日

赤の手旗を持ち構内に佇む駅員や巨大な炭鉱施設、そしてD51が上砂川支線で活躍していた当時の活気ある姿。上砂川駅には三井砂川炭鉱の関係から多数の側線や専用線があり隆盛を誇り、選炭機や着荷場などの炭鉱施設とともに石炭輸送の拠点基地だった。◎1972（昭和47）年6月23日

幾本もの側線がずらりと並んだ上砂川駅構内の雪景色。無煙化の後で、すでに隆盛時期は過ぎていた頃だが、三井砂川炭鉱は操業中の頃で、当時はまだ幾本もの側線や専用線が並んでいた。写真中央付近の奥が駅舎やホームで、旅客ホームは片隅に位置し、石炭輸送が主役だった古きよき時代を残していた。◎1979（昭和54）年11月1日

雨の上砂川駅。傘をさして待つ女性、雨で水鏡のように写る駅舎。蒸気機関車が煙を上げ、賑わう炭鉱の町に雨が降り、ひとときの静寂を感じさせる。炭鉱の町の盛衰を見守ってきた駅舎は、廃線後、移設保存されている。
◎1973（昭和48）年10月13日

D51397牽引の運炭列車がドラフト音を奏でて走り、上砂川支線の古きよき時代を物語っている。この写真が撮影された1975 (昭和50) 年に蒸気機関車による運行が廃止され、ひとつの時代が終わった。◎1975 (昭和50) 年5月18日

歌志内線
うたしないせん

焼山〜文珠間を俯瞰した写真。11月初めの雪景色の中、キハ22の2連が町並みをバックにして走る。今から40年前の情景。鉄道写真は街の様子の移り変わりを写す。焼山駅は砂川市に所在し、文珠駅から歌志内駅までの各駅はすべて歌志内市に所在した。◎1979(昭和54)年11月1日

歌志内駅方面へ向けて西歌駅を発車する運炭列車。旅客駅としては小さな駅だった西歌駅だが、住友歌志内炭礦の分岐線が
西歌駅管轄だったことから、旅客線以外に側線も見られ、住友歌志内炭礦閉山後もその側線が残っていた。
◎1972（昭和47）年6月23日

D511051号機が黒煙とともに大きなドラフト音を響かせて炭鉱の町を駆け抜ける。運転台側面のナンバープレートの下には、滝川機関区の所属を示す「滝」の区名札が掛かる。当時の機関車の機体には、労働運動のスローガンや要求を示した白いペンキ塗りの文字がよく見られ、時代を物語る写真になっている。
◎1972（昭和47）年6月23日

歌志内線の無煙化が近づきつつあった頃の写真。西歌付近と思われる風景で、畑仕事に精を出す人と煙を棚引かせて走る運炭列車。背景には炭鉱住宅と思われる建物の屋根が見え隠れする。まるで映画のワンシーンのような情景で、今このあたりの風景はどうなっているのだろうと思わせる。◎1975（昭和50）年5月18日

1973（昭和48）年当時の歌志内駅の構内。真ん中にD51297の姿がある。駅構内は当時も関係者以外立ち入り禁止だったが、国鉄時代はおおらかな時代で、ローカル線では近道として横断する姿がしばしば見られた。◎1973（昭和48）年10月13日

収穫後の茶色くなった穀倉地帯を走る歌志内行。国鉄時代はよほどの閑散区間でない限り1両（単行）運転は少なく、全国各地の国鉄ローカル線ではおおよそ2両以上で運行されていた。写真には当時新型の部類だったキハ40の2連が走る。
◎砂川〜焼山　1981（昭和56）年10月8日

旅客線と側線が並び、転轍器がアクセントになっている雪景色の歌志内駅。終着駅の風情が漂う昭和50年代の駅風景だ。キハ22の一般色と朱色の2両編成が発車を待ち、ホーム端から列車に向かって乗客が歩いている。夜の1本の札幌発歌志内行を除いて、全ての列車は砂川〜歌志内間の線内運行だった。
◎1979(昭和54)年11月1日

歌志内駅で発車を待つD51297牽引の運炭列車。煤煙が駅前へ流れ、当時の駅前の人にとっては、このD51の煤煙の匂いや運炭列車が生活の中の一部であったことだろう。ずらりと並んだセキの編成に力強さを感じ、D51の力の見せ所である。この数年後に歌志内線は無煙化された。
◎1973（昭和48）年10月13日

雪景色の歌志内を走るキハ22の２連。カーブの先の広い構内が歌志内駅で駅舎やプラットホームが見える。山並みの麓に空知炭砿があり、中心市街地が広がる。写真が撮影された昭和50年代中頃の歌志内市の人口はおよそ1万人で、ピーク時の４分の１以下にまで減っていたが、現在では３千人台にまで減っている。◎歌志内～歌神　1979（昭和54）年11月１日

利用客で賑わう西歌駅。当時の西歌駅は有人駅で駅員が配置されていた。西歌駅は、歌志内市が土地と建設費の一部を負担して、1961（昭和36）年に文珠駅と神威駅の間に新設された駅である。西歌とは、歌志内の西から駅名になったという。駅舎はスレート造りで、ホームと駅舎は少し離れた構造だった。◎1972（昭和47）年6月23日

炭鉱の町として発展を続けていた昭和初期に改築された歌志内駅の駅舎。歌志内は1948（昭和23）年のピーク時には4万6千人の人口を擁し、この駅舎も賑わっていた。その後、相次ぐ歌志内各所の閉山により人口が減り続け、写真撮影の1972（昭和47）年時点では、人口ピーク時の半分を大きく割っていた。◎1972（昭和47）年6月23日

終端側から見た歌志内駅構内。奥が砂川方面。ホームの駅名標の向う側に駅前の様子が写り、駅前の商店が見える。当時の歌志内線の運行は、砂川〜歌志内間に1日10往復で、そのうち1本は札幌発歌志内行だった。◎1979（昭和54）年11月1日

写真：安田就視（やすだ なるみ）

1931（昭和6）年2月、香川県生まれ、写真家。日本画家の父につき、日本画や漫画を習う。高松市で漆器の蒔絵を描き、彫刻を習う。その後、カメラマンになり大自然の風景に魅せられ、北海道から九州まで全国各地の旅を続ける。蒸気機関車をはじめとする消えゆく昭和の鉄道風景をオールカラーで撮影。

解説：辻 良樹（つじ よしき）

1967（昭和42）年、滋賀県生まれ。東海道本線を走る国鉄時代の列車を見て育つ。東京にて鉄道や旅行関係のPR誌編集を経て鉄道フォトライターに。著書に『関西 鉄道考古学探見』『にっぽん列島車両図鑑』（ともに、JTBパブリッシング）、『阪神電鉄 山陽電鉄 昭和の記憶』（彩流社）、『日本ののりもの大図鑑1208』（学研パブリッシング）など。共著、取材、写真撮影等多数。古きよき時代の鉄道考察をライフワークとし、廃線跡ツアーなども行う。

オールカラー

北海道の廃線記録
函館本線沿線編

発行日 ………………… 2021年1月5日　第1刷　　※定価はカバーに表示してあります。

著者 ………………… 安田就視（写真）、辻 良樹（解説）
発行人 ………………… 高山和彦
発行所 ………………… 株式会社フォト・パブリッシング
　　　　　　　　　　〒161-0032　東京都新宿区中落合2-12-26
　　　　　　　　　　TEL.03-6914-0121 FAX.03-5955-8101
発売元 ………………… 株式会社メディアパル（共同出版者・流通責任者）
　　　　　　　　　　〒162-8710　東京都新宿区東五軒町6-24
　　　　　　　　　　TEL.03-5261-1171 FAX.03-3235-4645
デザイン・DTP ……… 柏倉栄治（装丁・本文とも）
印刷所 ………………… 新星社西川印刷株式会社

ISBN978-4-8021-3214-5 C0026

本書の内容についてのお問い合わせは、上記の発行元（フォト・パブリッシング）編集部宛てのEメール（henshuubu@photo-pub.co.jp）または郵送・ファックスによる書面にてお願いいたします。